loqueleo

MAMÁ, ¿POR QUÉ NADIE ES COMO NOSOTROS?
D. R. © del texto: Luis María Pescetti, 2003, 2015
        www.luispescetti.com
D. R. © de las ilustraciones: Ana Sanfelippo, 2016
Primera edición: 2013

D. R. © Editorial Santillana, S. A. de C. V., 2016
        Av. Río Mixcoac 274, piso 4
        Col. Acacias, México, D. F., 03240

Segunda edición: octubre de 2016

ISBN: 978-607-01-3248-3

Impreso en México

www.loqueleo.santillana.com

Este libro se terminó de imprimir en octubre de 2016,
en Corporativo Prográfico, S.A. de C.V. Calle Dos Núm. 257, Bodega 4,
Col. Granjas San Antonio, C.P. 09070, Del. Iztapalapa, México, Ciudad de México.

LUIS PESCETTI

Mamá, ¿por qué nadie es como nosotros?

ILUSTRACIONES DE
Ana Sanfelippo

loqueleo

Para los queridos compañeros del Movimiento
de la Canción Infantil Latinoamericana y del Caribe.
En especial a: Sandra Peres, Paulo Tatit, Miguel Queiroz y
Eugenio Tadeu, de Brasil. Tita Maya, Charito Acuña
y Jorge Sossa, de Colombia. Rita del Prado, de Cuba.
Mariana Baggio, Teresa Usandivaras, Julio Calvo
y Magdalena Fleitas, de Argentina.
Como dice Tadeu: "Um abraço, um beijo... e um pedaço de queijo".

La mamá de Joshua es peruana, el papá es estadounidense, y él nació en México.

Flavia, que los conoció en un viaje, le pregunta a su mamá: ¿por qué ellos no hablan como nosotros?

16/10/14

El papá y la mamá de Flavia son brasileños, y viven en Brasil, pero sus abuelos maternos son una señora danesa casada con un señor brasileño. Ellos viven en Venezuela. Sus abuelos paternos son un señor italiano casado con una señora inglesa. Éstos viven en Brasil.

Cierta vez ganaron un premio en un concurso de televisión. Raúl los vio desde su propio país y, al saber cómo estaba compuesta esa familia, le comentó a su mamá: ¡qué raros son!

Los padres de Raúl son colombianos. El papá
es pastor protestante, y Raúl a veces juega en el templo.
En la escuela tenía un amigo llamado Esteban,
que siempre le preguntaba: Raúl, ¿qué se siente tener
un papá medio cura?

Esteban se fue a vivir con su familia a Canadá, por una beca que consiguió el padre. Sus abuelos son polacos, originarios de un pueblo que ya no existe, pues desapareció durante la guerra.

Se escribe con un amigo que se llama Miguel, y en una carta éste le dijo que le sonaba extraño que toda la familia se hubiera mudado sólo porque el papá quería estudiar.

El papá de Miguel es judío, pero la mamá es católica. Cuando se hicieron novios decidieron que festejarían todas las celebraciones de las dos religiones.

Su amiga, Teresa, les dice que tendrían que elegir, porque nadie puede tener dos fines de año en un mismo año.

La mamá de Teresa estaba separada y ya tenía un hijo cuando conoció al papá de Teresa, que también estaba separado, pero no tenía hijos. Se enamoraron, se fueron a vivir juntos y a los dos años nació ella.

Martín, que es uno de sus compañeros de escuela, le preguntó a su mamá: ¿por qué esa familia se armó de a pedacitos?

Los papás de Martín y Josefa (su hermana) vivían a media cuadra de distancia cuando eran niños. Fueron amigos durante la infancia y se hicieron novios a los diecisiete años. Han estado toda la vida juntos.

Juan, que practica judo con Martín, le argumenta que vivir siempre en el mismo barrio debe ser muy aburrido.

El papá de Juan es ingeniero en computación, pero heredó de su familia un camión con el que hace mudanzas (si no son muy grandes), y ellos mismos han cambiado de barrio siete veces desde que él nació.

Juan chatea con un amigo que conoció por internet. Vive en México y se llama Joshua. Él no entiende cómo Juan y su familia pueden vivir mudándose toda la vida.

La mamá de Mirta trabaja en un supermercado, la de Tomás es gerenta en un banco. El papá de Raulito es negro, y su mamá es blanca. Los papás de Iñaqui son blancos. Los papás de Sushiro son japoneses (pero nacieron en Perú).

El papá de Alberto es alto y gordo, el de Cristina es flaco y alto, la mamá de Elsa es baja y se queja de tener una cadera demasiado ancha. La mamá de Sofía no es ni alta ni baja, pero tiene el pelo rizado y a ella le gustaría tenerlo lacio y largo.

Al papá de Eduardo le encantan los deportes, igual
que a la mamá de Inés, pero al papá de Ignacio le gusta
relajarse viendo tele, mientras toma una cerveza.

La mamá de Eugenio odia el futbol, pero a la mamá de Coqui le encanta ir a la cancha.

La mamá de Yahir es musulmana, el papá de Teo es católico (pero la mamá dice que no cree en nada).

Los papás de Susana tienen una señora que los ayuda en la casa, los papás de Mirta deben hacerlo todo ellos mismos. Los papás de Alberto son mexicanos, pero están separados (aunque viven en la misma ciudad).

Los papás de Carolina no están separados, pero
el papá trabaja en una empresa que está en otro país,
vuela los lunes en la madrugada y regresa los viernes
por la tardecita (sólo está en su casa los fines de semana
y durante las vacaciones).

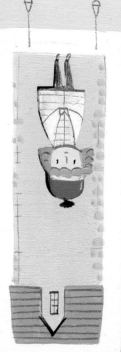

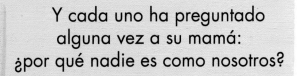

Y cada uno ha preguntado
alguna vez a su mamá:
¿por qué nadie es como nosotros?

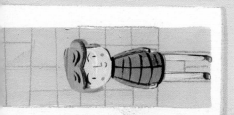

Luis María Pescetti

www.luispescetti.com

Nació en San Jorge, Santa Fe. Es escritor, músico y actor con experiencia de campo en la docencia y el encuentro con niños y familias. Estudió musicoterapia, armonía, composición, piano, literatura, filosofía para niños y fue profesor de música en escuelas y en el Plan Nacional de Lectura de Argentina durante diez años. Desarrolla una intensa actividad académica sobre el humor y la comunicación con niños dirigida a pedagogos, pediatras, psicólogos y artistas; tanto en universidades, jornadas hospitalarias, ferias de libros, como en su blog. Creó y condujo programas de radio y televisión sobre música, literatura y humor para público infantil-familiar, en México y en Argentina, durante más de catorce años. Entre los premios nacionales e internacionales que ha recibido, están los destacados de ALIJA y el Premio Fantasía (Argentina), el Premio Casa de las Américas (Cuba, 1997) y The White Ravens (Alemania, 1998, 2001, 2005). Su amplia producción de libros para niños es reconocida en América Latina y en España. Algunos de sus títulos son: *Caperucita Roja (tal como se lo contaron a Jorge)*, *El pulpo está crudo*, la serie Frin, los libros de la serie Natacha, *Historias de los señores Moc y Poc*, *Nadie te creería*, *No quiero ir a dormir*, *La fábrica de chistes*, *Unidos contra Drácula* (Premio de Poesía ALIJA 2014) y, para adultos, *Copyright* y *El ciudadano de mis zapatos*. Por su labor musical, recibió el Grammy Latino (EUA, 2010).

Aquí acaba este libro
escrito, ilustrado, diseñado, editado, impreso
por personas que aman los libros.
Aquí acaba este libro que tú has leído,
el libro que ya eres.